超实用家庭教育秘籍

120招
轻松带宝贝旅行

〔法〕利昂内尔·帕耶 / 著

方晖 / 译

湖南少年儿童出版社·长沙
HUNAN JUVENILE & CHILDREN'S PUBLISHING HOUSE

图书在版编目（CIP）数据

超实用家庭教育秘籍. 120招轻松带宝贝旅行 /（法）利昂内尔·帕耶著；方晖译. —长沙：湖南少年儿童出版社，2024.7

ISBN 978-7-5562-6056-0

Ⅰ.①超… Ⅱ.①利… ②方… Ⅲ.①家庭教育②智力游戏 Ⅳ.①G78②G898.2

中国国家版本馆CIP数据核字（2023）第163957号

超实用家庭教育秘籍·120招轻松带宝贝旅行

CHAO SHIYONG JIATING JIAOYU MIJI · 120 ZHAO QINGSONG DAI BAOBEI LÜXING

总 策 划：周 霞	策划编辑：吴 蓓
责任编辑：吴 蓓	营销编辑：罗钢军
内文排版：雅意文化	质量总监：阳 梅

出 版 人：刘星保

出版发行：湖南少年儿童出版社

地 址：湖南省长沙市晚报大道 89 号（邮编：410016）

电 话：0731-82196320

常年法律顾问：湖南崇民律师事务所 柳成柱律师

印 刷：湖南立信彩印有限公司

开 本：889 mm × 1194 mm 1/32 印 张：4.375

版 次：2024 年 7 月第 1 版 印 次：2024 年 7 月第 1 次印刷

书 号：ISBN 978-7-5562-6056-0

定 价：23.80 元

前　言

"爸爸，我们什么时候到？"

"我要尿尿！""她拽我头发！"

"你答应过我，说马上就到了！"

"100 千米有多远？"

休假途中并不总是充满了愉快。无论我们选择汽车、火车、飞机或其他任何一种交通工具，旅途都很快会变成"受难之途"，甚至，索性变成了空调下的噩梦，只因为我们未能做好万全的准备，来令小乘客们得到至少一点儿的消遣。而他们挤在狭小的空间里，感到疲惫、不耐烦，有时还会"晕车"——被我们这些父母称作"毫无预告的呕吐症状"。

唱歌游戏、挑战游戏、宾果游戏、猜谜游戏、字谜游戏……本书为您介绍了 120 种游戏，简单易行，只要一支铅笔、一张纸、一卷胶带和一点儿出发之前的准备。这些丰富的娱乐能将火车车厢或汽车后座等地方的漫长等待变成纯粹的轻松时光。

有了这些可以独自玩耍或两人、三人、四人参与的游戏，您的孩子不会再有时间无聊了，长途旅行会变得愉快。这些游戏时刻还将为孩子提供在娱乐中发现不同的景色、不知不觉中学到诸多知识以及和兄弟姐妹及父母分享的许多机会。

如果您的小乘客看起来厌倦了某个游戏，不要坚持，干脆换到另一个！孩子没有和我们相同的时间概念：无论活动多么令人愉快，他们的注意力很少能在同一项活动上集中超过 15 或 20 分钟，有时，对年龄更小的乘客来说，甚至不超过 5 分钟。

一起开心地玩吧，祝你们旅途愉快！

目 录

第一章

在汽车后座上

▼▼▼▼▼▼

　　"自驾旅行本是很愉快的，但很快就可能变成让人失去耐心的事情！孩子们没有耐心，汽车刚开出 50 千米，就在问是否快到了。怎么和他们说还有整整 6 小时的路途？我没办法长时间地安抚他们，他们动来动去，互相拌嘴，最后总是大喊大叫，乱成一团。因为我对噪声特别敏感，没法专心开车，一般都要在路边停下，好好休息一下，舒缓一下心神。"

菲利普

（38 岁，6 岁蒂默提和 9 岁艾瑟儿的爸爸）

需要了解：

自驾旅行提供了充分的灵活性，可以自由选择出发时间并根据需要停车，可以听音乐而不会妨碍到任何人。这里介绍几条秘诀来恰当地享受这份自由。

为避免孩子不耐烦和焦躁的情绪，理想的做法是：向孩子尽可能详细地解释整个旅途过程。比如："我们先开一段路，同时玩个游戏，然后，我们会停下来加油，随后你和妹妹一起看场电影，我们会去餐厅吃顿牛排加薯条，再玩一两个游戏后，我们就到目的地了……你就又能见到你的卧室、你的红色脚踏车了……"

避免晕车的好建议：出发前让孩子吃顿简餐，最好是以慢速碳水化合物为主，并且要油脂很少的。因为空腹的时候，经常会发生晕车。

汽车内部比较吵：噪声＝紧张＝更多的噪声。比如，高声说话、吵架……怎么解决呢？尽可能利用毯子、枕头把汽车后座整理得舒适一些。孩子尚小的话，加上一两件毛绒玩具，这样，小乘客如果打瞌睡的话，一切都备好了，可以安心睡上一觉。

给每个人准备一个小型的"**基本生存包**"：里面塞进一小瓶水；零食，比如装在密闭小盒里的坚果，在稍微有点饿的时候，最理想不过了；切块苹果；干燥的糕点，为避免造成腹痛和弄脏崭新的坐垫，不要带巧克力；还有一点儿糖果（只是吃着玩，并在某些情况下转移孩子的注意力）。

每两个小时休息 15 分钟。这不仅对驾驶人有益，也能让孩子舒展手脚。最好选择带草地的休息地点，孩子可以跑一跑、高声叫喊、在地上打滚、跺脚……之后他们在车里就会安静多了。

音乐，特别是古典音乐具有安抚孩子的功效。如果他们情绪烦躁，莫扎特的大调单簧管协奏曲再有效不过了。专家认为，这是能使孩子安静的神奇音乐，几乎百试百灵。也可以简单点，打开古典音乐或中央人民广播电台数字广播中的"古典音乐"频道听上一阵子。

开始行动

1. 汽车收藏

类型：观察游戏

单局时长：15 分钟

占据时间：40 分钟

适合年龄：5 岁起

参加人数：2 人

噪声指数：2/10

每个玩家选择一种颜色，比方说，一个是蓝色，另一个是红色。每人转向各自的车窗，计算在路上遇到的汽车数目，一个计算蓝色的，另一个计算红色的。为了增添悬念，定下每局的时间，第一局 15 分钟。最后大家计算总数，所选颜色的汽车数量最多的玩家，便是这场颜色接力赛不容置疑的赢家。

2. 记者采访

类型：讲故事游戏

占据时间：45 分钟

适合年龄：6 岁起

参加人数：1 人

噪声指数：4/10

　　玩家化身小记者，向父母提问题："你们的第一台汽车是什么款式的？""你们带很多行李吗？""你们在车上唱什么歌？""你们喜欢在白天开车还是晚上开车啊？"……记录好父母的答案，待到达目的地后，可尝试着写一篇采访稿。

3.摸彩大厅

类型：观察游戏

单局时长：30分钟

占据时间：至少1小时

适合年龄：4岁起

参加人数：2人

噪声指数：7/10

出发前，和孩子们一起搜索图片并打印出来：十几辆颜色各异的汽车，如一辆宿营车、四辆卡车，甚至可以加上一辆房车，让游戏变得更有挑战性，持续时间更长；或是一座教堂、一座农场、一些动物，比如奶牛、马、狗。将它们粘在同一尺寸的硬纸板上，制成两副纸牌。两副牌里的卡片不能重复！目标是逐个找到牌上显示的车辆或动物。赢家是首先找到那副牌里所有图像并响亮地叫出"中奖啦"的人。

4. 数狗积分赛

类型：观察游戏

单局时长：30 分钟

占据时间：1 小时以上

适合年龄：6 岁起

参加人数：2 人

噪声指数：3/10

每个玩家专心地看路的一侧，严禁偷看另一侧！最先看到一只狗的玩家得分。可以玩三局两胜制，由得分高的玩家宣布比分。根据途经的地区和景色，还可以选择鸡、鸭、牛、马等其他动物。

5. 马路记忆

类型：观察游戏

单局时长：15 分钟

占据时间：40 分钟

适合年龄：6 岁起

参加人数：2 人

噪声指数：3/10

您想要一个能在堵车时玩的游戏吗？这个游戏就不错呢，只需要 1 号玩家观察旁边汽车的所有细节 20 秒钟，比如颜色、乘客人数、司机外表……停！1 号玩家转过身来，由另一个玩家提出 10 个问题：汽车是什么颜色的？有几位乘客？等等。赢家是记住了最多细节的那个人。

6. 太空飞船

类型：想象游戏

占据时间：40 分钟

适合年龄：6 岁起

参加人数：2 或 3 人

噪声指数：4/10

汽车突然变成了太空飞船！开车的人是飞行员柯克船长①。他指派一名孩子为副驾驶员，其他乘客自创角色。前往度假地的旅途变成了一项太空任务，充满大家能想象出的各种"波折"：收费站 = 黑洞、其他车辆 = 敌方飞船、警察 = 外星人……

---

① 美国科幻影视作品《星际迷航》中的飞船"企业号"的船长。

7. 动物的声音

类型：模仿游戏

单局时长：大约 10 分钟

占据时间：30 分钟

适合年龄：7 岁起

参加人数：2 或 3 人

噪声指数：7/10

每位玩家选择自己最喜欢的动物：狗、猫、猪、金丝雀或奶牛……都可以！现在，爸爸或妈妈作为游戏主持人选择一首大家熟悉的儿歌或歌曲，目标是玩家模仿各自选的动物的叫声，唱这首歌的一段和叠句部分。这并不容易，但好玩极了！

8. 数字和你

类型：数字游戏

单局时长：20 分钟

占据时间：40 分钟

适合年龄：5 岁起

参加人数：2 人或更多

噪声指数：3/10

这个分组游戏的内容是玩家按照顺序找到车外 1—50 的所有数字。可以查看限速标志、荧光标牌、标注有燃油价格的汽油泵、汽车牌照等。所有乘客都可参与，一旦看见了某个数字，就大声说出来并开始寻找下一个数字。

9. 他们在做什么？

类型：数字游戏

单局时长：15 分钟

占据时间：45 分钟

适合年龄：6 岁起

参加人数：2 人

噪声指数：1/10

首先，在一张纸上列出大家可以在车上做的 10 件事：吃东西、睡觉、梳头、化妆、阅读书或报纸、扯着嗓子唱歌、用左手摸右耳朵后又开始睡觉……游戏的目的是仔细观察周围的汽车，并找到在做其中一件事的人。每找到一个就打个勾，最先找全这 10 件事的人获胜。

10. 途中标志

类型：观察游戏

单局时长：30 分钟

占据时间：1 小时

适合年龄：6 岁起

参加人数：2 人

噪声指数：1/10

　　先找到一个标识了距离目的地的千米数的指示牌，比如：距某地 241 千米。竞猜下一个指示牌上的数字是 235，还是 238 或其他数字。最接近实际数值的玩家赢得 1 分，最先赢得 5 分的玩家获胜。

11. 鳄鱼和恶人

类型：数字游戏

单局时长：15分钟

占据时间：50分钟

适合年龄：8岁起

参加人数：2人

噪声指数：3/10

据说一位法师对数字下了咒语，数字"3"不再称作"3"，而是"鳄鱼"，数字"5"的新说法是"恶人"[①]。挑战就是正确无误地从1数到100。结果是怎样的呢？一、二、鳄鱼、四、恶人、六、七，依次类推。不要忘记所有的"3"和"5"都变了："23"成为"二十鳄鱼"，"35"成为"三十恶人"。太搞笑了，一起来玩吧！

---

① 原文是"炸丸子（croquette）"，法语发音上和"鳄鱼（croco）"一词的起首音节相同。根据同一逻辑，此处按照中文发音改成了"恶人"。

12. 请买单！

类型：心算游戏

单局时长：15 分钟

占据时间：30 分钟

适合年龄：9 岁起

参加人数：2 或 3 人

噪声指数：4/10

每位玩家把所有超越他们的车的牌照数字相加，一直达到 200 为止！游戏轮流进行：第一个玩家将第一辆超越的车的牌照数字相加，第二个玩家将第二辆超越的车的牌照数字进行相同的计算，如此往复。最先达到数字 200 的玩家赢得这局游戏！

13. 动人的故事

类型：想象游戏

单局时长：30 分钟

适合年龄：8 岁起

参加人数：3 人

噪声指数：5/10

大家一起编故事真有趣！这里没有竞争，只有想象！第一个玩家开个头："从前，有位英俊的骑士……"每位玩家从头开始讲述故事并添上自己的想象。第二位玩家可以接下去说："从前，有位英俊的骑士，可他没有马儿……"第三位玩家继续，直到这个故事走进死胡同，编不下去了。这个游戏可以持续很长时间，大家可以同时锻炼想象力和记忆力！

14. 我的动物园

类型：观察游戏

单局时长：20 分钟

占据时间：40 分钟

适合年龄：6 岁起

参加人数：2 人

噪声指数：4/10

度假途中大家可能会常看到动物，如：鸡、鸭、鸟、猫和狗等。游戏的目的是在一段有限的时间内，比如 20 分钟，在纸上画下或记下看到的所有动物。比方说，一个玩家可以大声宣布："黄色的小鸭子在池塘边。"每个玩家仅看路的一侧，避免出现"这是我看到的，不是你的！"之类的争执。指定时间内画下或记下更多动物的玩家获胜。

15. 路途字母表

类型：观察游戏

单局时长：15分钟

占据时间：40分钟

适合年龄：8岁起

参加人数：2人

噪声指数：2/10

　　两位玩家要在车外寻找名称前两个字的声母互不重复的物品。比如声母"C"有"彩虹"，声母"M"有"摩托车"，声母"G"有"公路"，等等。每件物品只能"使用"一次，因此，最先说出名称的玩家赢得1分，最先赢得10分的玩家获胜。准备好了吗？

16. 我的旅行笔记

类型：收藏游戏

占据时间：旅途全程

适合年龄：4 岁起

参加人数：1 人

噪声指数：0/10

出发之前，您可以送给孩子一个又大又厚的笔记本和一卷胶带。如果孩子接受的话，他的任务就是把旅途中每个阶段的纪念品贴在笔记本里，包括树叶、花朵、糖纸、收费站收据、餐馆账单……在每件"收藏品"的下方，请写上收集的确切地点和日期。这不仅可以消磨时间，还可以让孩子制作出一份独一无二的纪念品！

17. 水汽动物

类型：绘画游戏

单局时长：5分钟

占据时间：20分钟

适合年龄：5岁起

参加人数：2人

噪声指数：0/10

当浴室镜蒙上一层薄薄的水汽时，孩子会很乐意在玻璃上画画，这是一种转瞬即逝的艺术。游戏内容是一位玩家在靠近自己的车窗上勾勒出动物的轮廓，另一个玩家要在水汽消散之前，猜出是什么动物。然后哈一口气，玻璃表面便会恢复如初！接下来交换角色：让原来猜的玩家来画，而原来画的玩家来猜。

18. 加密信息

类型：文字游戏

单局时长：20 分钟

占据时间：1 小时

适合年龄：10 岁起

参加人数：2 人

噪声指数：6/10

只需看看周边汽车的车牌号，就能发现加密信息。观察一面车牌并根据上面的不同字母造句。比方说，根据"×D·S8L88"的车牌，可以造出这样的句子："大海是蓝色的。"最先连续用三个车牌号造出完整句子的玩家获胜。

19. 我把声音关了！

类型：音乐游戏

单局时长：20 分钟

占据时间：40 分钟

适合年龄：7 岁起

参加人数：1 人或更多

噪声指数：8/10

没有什么能像音乐那样促进人与人的交流、放松气氛并让人动脑筋！打开播放器，大家轮流唱一首熟悉的歌，并指定一位金牌 DJ——妈妈或爸爸负责关上喇叭，10 秒钟后再打开。在此期间，玩家得继续唱歌，允许哼唱！在音乐重新响起的时候，必须正好接上歌词。如果成功的话，玩家就赢得 1 分。目标是赢得 10 分，取得游戏胜利。

20. 寻宝图

类型：观察游戏

占据时间：旅途全程

适合年龄：7 岁起

参加人数：2 人或更多

噪声指数：0/10

　　记得复印两到三份带有完整旅行路线的地图。您在上面打两个叉，表示旅行出发地点和到达地点，这张图就轻松地变成了一张寻宝图啦！最后的终点正是宝藏。玩家们将一站接着一站，用红笔画出路线。他们可以添上评价，比如餐馆变成"海盗的酒馆"，收费站则是"通关的城门"……

21. 副驾驶之王

类型：观察游戏

单局时长：15分钟

占据时间：50分钟

适合年龄：8岁起

参加人数：3人

噪声指数：3/10

爸爸或妈妈在公路地图上找出一处地方、一个城市、一条河流或一个景区等，并说出它的名字。然后把地图交给第一个玩家，玩家在30秒内找到这个地点就赢得1分。30秒后，第一个玩家指定另一个地方。第二个玩家则寻找下一个地点。最先获得10分的人荣获"副驾驶员"称号。

22. 汽车健身操

类型：运动游戏

占据时间：30 分钟

适合年龄：5 岁起

参加人数：1 人或更多

噪声指数：2/10

再没有比舒展一下手脚更能让人平静的了，而且，大家还可以娱乐并消磨时间！来让孩子们做一场非常特别的健身操：从桥下穿过的时候要低下头，在桥上经过的时候要猛地抬起腿，汽车刹车的时候要伸展手臂并握紧双拳，超越一辆卡车的时候要把双臂紧贴身体……这套健身操可以持续 30 分钟，随后大家吃点简单的点心。是的，健身操会让人感到饥饿！

23. 卡农真好听！

类型：音乐游戏

占据时间：25 分钟

适合年龄：7 岁起

参加人数：2 人或更多

噪声指数：7/10

卡农是一种两人、三人或四人歌唱的技法。一个玩家开始唱歌至一段的结尾，另一个接着开始唱。难度在于不要被其他人的声音干扰，玩家有权塞住耳朵，这真的有用！能以卡农技法唱得好听的歌曲通常很短，比如《两只老虎》和《小星星》等。

24. 请你计划！

类型：想象游戏

占据时间：15 分钟

适合年龄：7 岁起

参加人数：1 人或更多

噪声指数：4/10

每个玩家尽可能详细地描述自己到达度假地后要做的头两件事，必须描述足够的细节，令其他玩家能够仿若身临其境。设想已经到达的乐趣，提前体会假期的最初时光，能够安抚乘车的孩子可能产生的各种不耐烦的情绪。

25. 一个词，一首歌

类型：音乐游戏

单局时长：20分钟

占据时间：40分钟

适合年龄：9岁起

参加人数：2人

噪声指数：5/10

游戏主持人提出一个词语，比如汽车、布娃娃、树……两个玩家开始比赛，争先找到包含这个词的歌曲。而且，还得准确引述可以找到这个词语的那句歌词。假如选的词是"星星"，那么歌词就是"一闪一闪亮晶晶，满天都是小星星……"为让幼儿也能参与，可将词语换成一个简单的音节，比如"嗡""呜"……

26. 在一片小云朵之上

类型：观察游戏

单局时长：20 分钟

占据时间：25 分钟

适合年龄：5 岁起

参加人数：1 人

噪声指数：0/10

观察大自然会自得其乐，比如只要抬头望天，就会看到形状各异的云朵。这边是一朵圆形或心形的云，那边是一朵羽毛状的云，甚至还有根长矛！谁能找到样子最不可思议的云朵？竞赛开始了！为什么不用爸爸或妈妈的智能手机把所有这一切都拍下来，并开始创作世上最美的云朵全集呢？

27. 好宝贝！

类型：观察游戏

单局时长：15 分钟

占据时间：40 分钟

适合年龄：5 岁起

参加人数：2 人或更多

噪声指数：5/10

一个玩家在脑海里挑一种自己在旅途中注意到的物品或动物：一辆红色的卡车、一座桥、一架飞机、一只鸟……每当他再次看见这个物品或动物时，他就说："宝贝，"比如一只鸟和另一只鸟同样都是"宝贝"。其他玩家要猜出"宝贝"指的究竟是何物。一旦"宝贝"被发掘出来，另一个玩家马上开始游戏并在周围寻找属于自己的"宝贝"。

28. 微笑，你赢了！

类型：观察游戏

单局时长：15 分钟

占据时间：30 分钟

适合年龄：6 岁起

参加人数：2 人

噪声指数：0/10

汽车内部突然变成剧场舞台，由孩子们来演戏！他们的任务是负责引起汽车内邻座乘客的微笑，休假出行高峰期和路况拥堵的时候是最佳游戏时间。为此，请展开最美的笑容：温柔的、开怀的、迷人的……绝不可以是嘲笑的！赢家自然是在 15 分钟内引发笑容最多次数的那个人。大家甚至可以彼此挑战："看他，他看起来很严肃……让我们来逗他发笑吧！"

29. 数字宾果游戏

类型：观察游戏

单局时长：30 分钟

占据时间：1 小时

适合年龄：8 岁起

参加人数：2 人或更多

噪声指数：6/10

每个参加游戏的玩家在一张白纸上记下 15 个处于 1-95 的数字，然后睁大眼睛观察前后、左右车辆的轿车牌照，卡车和摩托车的牌照也可以算上。每个玩家在自己的纸上划掉被发现的数字，同时玩家必须向众人大声宣布："91……02……"最先划掉所有数字的人是幸运的赢家！

30. 地图之争

类型：观察游戏

单局时长：3 分钟

占据时间：1 小时

适合年龄：8 岁起

参加人数：2 或 3 人

噪声指数：1/10

　　本游戏不可或缺的道具是一张公路地图。一个玩家在地图上选一个城市，并告诉其他玩家，让他们在 3 分钟内找到这个城市。在狭小的空间和一张叠得歪歪扭扭的公路地图上找到它，可不容易！最先找到的玩家接着说出下一个要找的地点。您可以建议他们挑选名字有趣的城市，保证让大家哈哈大笑！

31. 水晶球

类型：观察游戏

单局时长：15 分钟

占据时间：45 分钟

适合年龄：6 岁起

参加人数：2 或 3 人

噪声指数：2/10

　　每个玩家轮流扮演占卜师，双眼紧盯手中的虚拟水晶球，并进行猜测。专注很重要：创造气氛嘛！几秒钟后，说出从车子左侧超越的车的颜色：红色？绿色？黄色？如果答案正确，得 1 分。此外，如果还能猜出乘客的准确数目的话，多加 3 分。最先获得 10 分的玩家获胜。

32. 即兴创作的歌曲

类型：音乐游戏

占据时间：1小时

适合年龄：7岁起

参加人数：2人或更多

噪声指数：5/10

玩家一起找一首所有人都能哼唱曲调的歌曲，如《葫芦娃》《虫儿飞》等。然后，大家开始唱，并一点点地修改歌词。以旅行和休假为主题创造一首歌曲，可以将途经城市的名字、旅途中种种曲折、琐事……都加入到歌词中，一个玩家负责记下歌词。可以在每次旅行途中都写上一首歌，并把它们汇集在一起，做成一本精美的歌曲簿哦。

33. 距离正确

类型：观察游戏

单局时长：15 分钟

占据时间：45 分钟

适合年龄：8 岁起

参加人数：2 人

噪声指数：2/10

让两个玩家猜测他们的车子和远处所见物体之间的距离。比如：我们和高压线塔之间距离多少千米？我们到那边的小桥有多远的距离？……驾驶员将起始数据告知玩家，大家来猜测：3 千米？6 千米？最接近实际数字的玩家获胜。也可以提高游戏难度，要求精确到个位数！

34. 成语接龙

类型：文字游戏

单局时长：10 分钟

占据时间：40 分钟

适合年龄：9 岁起

参加人数：3 人或更多

噪声指数：2/10

　　游戏主持人给出一个任意字数的主题词，玩家以主题词中的任意一个字为龙头字开始接龙。要求必须由四个字的成语组成，前后相接成语的关节词必须是同一个汉字，后一个成语的首字是前一个成语的末字。每个玩家每次说一个成语，轮流进行。直至其中一个玩家接不出成语的时候，游戏结束，进入下一轮。

35. 歌曲中的3个词

类型：音乐游戏

单局时长：10分钟

占据时间：50分钟

适合年龄：8岁起

参加人数：1人或更多

噪声指数：5/10

上车出发前，要稍作准备：挑选大约15首孩子最喜欢的流行歌曲，在每首歌曲中选出3个词语，并加上7个未在歌曲中出现的词语。给每个参加游戏的玩家打印一张清单，在他们坐上车后发给他们。玩家的任务是在每张10个词的清单里找出相应歌曲里出现的3个词语。爸爸或妈妈可以自告奋勇担任DJ来播放相应歌曲，核实谁先找到了这3个词语。每找到1个词语获得1分，最先获得3分的玩家获胜。

36. 摄像比赛

类型：观察游戏

单局时长：1 小时

占据时间：2 小时

适合年龄：8 岁起

参加人数：2 人

噪声指数：1/10

交给每个玩家一架可照相的装置，如智能手机、数码相机、掌上游戏机，和一张 50 件待拍摄的物品清单：一辆红汽车、一座高压线塔、一棵树、一个加油泵、一辆自行车……两张清单不一样。最先完成自己的相册的人喊一声"完成了！"爸爸或妈妈核对 50 张照片。孩子们交换清单，重新开始游戏。

37. 了不起的报道

类型：观察游戏

单局时长：1 小时

占据时间：1 小时 30 分钟

适合年龄：9 岁起

参加人数：1 人

噪声指数：0/10

　　假设您是《快乐之途》杂志的主编，需要向初出茅庐的小记者征集一篇和旅行有关的报道。玩家要在一本小册子上记下所有的细节：天气、动物数目、途经房屋的数目、途经收费站的数目等。建议玩家每小时记录一次。当他们发现在 17 点 45 分和 19 点之间，看到了不少于 82 栋各式的房屋时，这将是一段非常有趣的回忆！

38. 牌照之赛

类型：观察游戏

单局时长：30 分钟

占据时间：1 小时

适合年龄：7 岁起

参加人数：2 人

噪声指数：1/10

　　裁判也就是您，分派给两个玩家每人一个省的简称——应注意，不要选择目前所在的省份来"便宜"了其中一方。两个玩家的任务是在 30 分钟内找到在分派给他们的省份中注册的 20 辆汽车，一辆都不能少。计时开始！

39. 你听出来了吗？

类型：音乐游戏

单局时长：20分钟

占据时间：1小时

适合年龄：10岁起

参加人数：2人或更多

噪声指数：6/10

打开音乐播放器，准备好了吗？开始播放第一首歌曲，最先辨认出歌手的玩家赢得1分，这时停止播放歌曲。如果玩家说出准确的歌名，那就多赢1分。如果玩家还能给出这位歌手另一首歌的名字，再赢1分。如果玩家猜错了，则开始播放第二位歌手的歌曲。最先赢得20分的人获胜！

40. 猜一猜，找到他

类型：观察游戏

单局时长：10 分钟

占据时间：20 分钟

适合年龄：6 岁起

参加人数：2 人或更多

噪声指数：3/10

在交通不畅的时候，观察左、右车道上其他车子里的乘客或司机的模样，会很有趣的。不妨试着玩相似游戏？比如："事实上，前面那辆白色汽车里的司机长得是否有几分像年轻时候的爷爷？""在收费站里的这位，像不像 6 楼的邻居？"……大家轮流指定被观察者，然后一起来猜那个人究竟和谁相似，比如：读小学一年级时的老师？市场上的蔬菜商人？……

41. 身体华尔兹

类型：观察游戏

单局时长：5 分钟

占据时间：25 分钟

适合年龄：6 岁起

参加人数：2 人或更多

噪声指数：4/10

最先得出前方汽车里脚的准确数目的玩家获胜：玩家必须尽快数出乘客数目并算出他们脚的数目。接下来是耳朵、手指等的数目。您也可以设下陷阱，提问头发的……根数！父母提出问题，小玩家们则寻找并计算数目。

第二章

公路休憩之时

▼▼▼▼▼▼

"一直以来，在度假途中停下对我们来说是迫不得已的：我们会觉得在浪费时间，拖慢了速度！'我们到达海滩的时候已经太晚了，假期本来就很短暂！'诸如此类的想法。然后，我们注意到，在高速公路服务区，或在次级公路的林荫地带经常停下休息的话，孩子们更加放松，并更能忍受长途旅行。而对我们来说，也一样！"

爱丽丝

（34岁，6岁朱尔和9岁娜奥米的妈妈）

需要了解：

俗话说："知道何时在公路休憩站、服务区或国道边停下休息的人，是想去远方旅行的人。"如果孩子觉得除了长途跋涉之外，还做了别的事儿，他们重新上路的时候就会放松许多，特别是每次休息如果也是开心玩耍的机会的话。

短暂而频繁的休息打破旅途的单调：无需停留1个小时，多次短暂停车更好。在此期间，孩子们可以喝点水、蹦蹦跳跳、深呼吸、喘喘气、大声说话、扯着嗓子喊；爸爸妈妈则可以舒展手脚、喝杯咖啡并吃点东西。不过，如果爸爸妈妈也想又跳又叫的话，也是完全允许的！

停车加油不是真正的休息：汽油的味道、发动机的噪声、到处都是的车辆……孩子们真正需要的是发泄一下精力，来打破旅途的单调和疲惫！

首先叫这群"小神兽们"去上厕所：再没有比重新坐上车的那一刻才决定去尿尿的小孩更叫人头疼了。大家刚刚出发，或车子刚开出不远，他就说："妈妈，可以马上停车吗？"

没什么比能脱掉鞋子更好：如果有合适的草坪，

光脚或穿着袜子在新鲜的草上漫步，这对大人、小孩来说都是很好的，这甚至是足底反射学的基本原则之一，可以按摩足底，得到放松，因此，身体会更大程度地放松下来。

组织一场家庭健身操：大家一下车，就在空地上围成圈，展开双臂，立起脚尖，然后下蹲，将手放在腹部并缓慢呼吸，深深地吸气，然后身体前倾呼气，揉搓双臂、双腿和脸部。

公路休憩站和从前不再相同了：这是好事！在此大家可以找到放松精神并度过愉快时刻所需的一切：儿童游戏设施（蹦床、滑梯、彩球池等）、美食街、精品店……

开始行动

42. 跳蚤游戏

类型：注意力游戏

单局时长：10分钟

占据时间：30分钟

适合年龄：6岁起

参加人数：4人或更多

噪声指数：4/10

　　大家围成圈并手拉手。指定一个玩家"启动"跳蚤，跳蚤是指玩家快速捏一下身边其中一人的手。这个人一旦感到握力，随即也握一下自己邻伴的手，如此反复。游戏进行得越快则越有趣。当然，也可以两边同时进行。

43.模仿变变变

类型：身体模仿游戏

单局时长：15分钟

占据时间：15分钟

适合年龄：6岁起

参加人数：3人或更多

噪声指数：3/10

花几分钟将几种情形和动作结合起来，天上：手指指向上方；鸟儿：挥动手臂；骑马：蹲着跳。爸爸或妈妈讲述一个故事并用上所有提到的情形。孩子们随着故事情节发展进行模仿，不能搞错。一旦某个玩家迟迟做不出相应的动作，或者做错了动作，那么游戏结束。

44. 苍蝇

类型：反应力游戏

单局时长：15 分钟

占据时间：15 分钟

适合年龄：5 岁起

参加人数：3 人或更多

噪声指数：5/10

玩家围着游戏主持人组成圈，每人想象自己拥有 8 只"苍蝇"。大家握紧双拳站好。游戏主持人将一个小球抛给其中一个玩家，玩家得接住它，立刻丢还给主持人，并尽快握紧双手。如果玩家成功做到的话，他赢得 1 只"苍蝇"。游戏主持人可以耍花招，假装抛球。如果他瞄准的玩家松开手，那么玩家就失去了所有的"苍蝇"！游戏结束时，拥有"苍蝇"数目最多的玩家获胜。

45. 空中写字

类型：书写游戏

单局时长：10 分钟

占据时间：30 分钟

适合年龄：8 岁起

参加人数：4 人

噪声指数：3/10

　　游戏的内容是在一个玩家的背上"写"字，而他得猜出"写"的是什么字。可将玩家分成两队，每队包括写字和猜字的人。必须让自己的伙伴来猜5 个字，最先成功的那队获胜。

46. 音节小球

类型：灵巧度和文字游戏

单局时长：15分钟

占据时间：15分钟

适合年龄：9岁起

参加人数：4人或更多

噪声指数：5/10

您知道许多能让身体和头脑都动起来的游戏吗？大家围成圈，游戏主持人站在中间，手持一个小球。他把球丢给一个玩家并说出——必须大声点——一个汉字，比如"天"。接球的人得立刻说出一个包含这个汉字的词语并把球丢还给主持人，后者接着将球丢给另一个玩家。未能说出相应词语或者未能接住球的人将受罚。

47. 车来车往

类型：观察游戏

单局时长：15 分钟

占据时间：15 分钟

适合年龄：8 岁起

参加人数：1 人或更多

噪声指数：2/10

在高速公路服务区，大家肯定能见到数量众多的车，比如轿车、宿营车、货车和大巴等经过或停靠。游戏目标是成为首个数满 100 个轮子的人。保证获胜的最好办法是瞄准大型卡车以及宿营车，它们的轮子更多。不过，嘘，我可什么也没跟你们说！

48. 神奇圈子

类型：灵巧度游戏

单局时长：5分钟

占据时间：20分钟

适合年龄：8岁起

参加人数：2人或更多

噪声指数：4/10

大家在地上用树叶或枝条围出一个直径一米的圈子，如果用粉笔画圈的话更好！两个玩家面对面站在圈外，互相拉着手臂或双手。游戏目的是通过拉手让对手失去平衡，踩进这个神奇圈子里。将脚踏进圈内的人就会被吸入"太空"，大事不妙了！

49.德尔塔游戏

类型：灵巧度游戏

单局时长：10 分钟

占据时间：20 分钟

适合年龄：6 岁起

参加人数：2 或 3 人

噪声指数：3/10

用粉笔画出"德尔塔"（希腊字母"Δ"）的等边三角形，在其中画上 6 条横向并间距相同的直线，相当于 1 至 6 个得分。所有人站在离三角形底线 2 米远处，将一块小石子丢到其中一个区域，获得相应的分数。如果丢到三角形外面或石子弹了出去，则一分也没有！

50. 音乐塑像

类型：音乐游戏

单局时长：3 分钟

占据时间：10 分钟

适合年龄：4 岁起

参加人数：3 人或更多

噪声指数：6/10

把车停在草地边上，打开汽车收音机，也可以听平板电脑上的音乐。播放一段音乐，大家一起跳舞。一旦爸爸或妈妈中止了音乐，谁也不能动并保持 5 秒钟。动弹了的玩家被淘汰。

51. 最美的鬼脸

类型：表情模仿游戏

占据时间：15 分钟

适合年龄：6 岁起

参加人数：4 人或更多

噪声指数：3/10

再没有比一场鬼脸大赛更令人放松了！大家围成圈，第一个玩家发明一个鬼脸，转向左边的邻伴，后者得模仿这个鬼脸。第二个玩家再转向下一个玩家，后者也得模仿这个鬼脸。大家必须玩得越来越快，并造成一波鬼脸潮，最后，大家肯定乐不可支。

52. 疯狂小草音乐会

类型：音乐游戏

占据时间：15分钟

适合年龄：7岁起

参加人数：2人或更多

噪声指数：5/10

　　大家坐在草地上，并寻找一根柔嫩的、尽可能又长又宽的小草。将两个拇指靠紧，指甲盖冲着自己，小草夹在拇指之间，向拇指关节形成的空间吹气，直到吹出多少有几分动听的声音来。当您熟练掌握了这一技巧之后，甚至可以让他人来辨认您所吹的众所周知的曲调！

53. 两人三足赛跑

类型：赛跑游戏

占据时间：15 分钟

适合年龄：7 岁起

参加人数：4 人或更多

噪声指数：6/10

参加游戏者先选择一起赛跑的伙伴，将其中一人的左脚踝和同伴的右脚踝绑在一起，确定一段不太长的距离，开始赛跑。先到达的小组有权选择重新上路的时候在车里听的音乐。

54. 即兴滚球

类型：灵巧度游戏

占据时间：20 分钟

适合年龄：7 岁起

参加人数：2 人或更多

噪声指数：5/10

为何不用小石头或松果来场即兴滚球游戏？——在马赛[①]，有些玩家使用方形的滚球，也能玩得十分精彩！两颗大石子当作滚球，一颗小点的石子当作目标球。只能瞄准目标球来玩，因为撞开对手的球难以做到[②]，游戏比分是 13 分，1 球 1 分，最先获得 13 分的玩家获胜。

---

① 马赛：法国第三大城市，位于法国南部。

② 法国滚球游戏有两种技巧：一是直接瞄准目标球，一是借撞开对手的球来得分。

55. 石子进洞

类型：灵敏度游戏

占据时间：15 分钟

适合年龄：6 岁起

参加人数：2、3 或 4 人

噪声指数：6/10

在一片泥土有点松软的地方，挖出和游戏人数相同的小洞，注意小洞要在一条直线上，深度只需几厘米。每人捡 4 或 5 颗小石子并站在距离小洞 1.5 米远的地方。每个玩家轮流将石子丢到自己的小洞里，成功丢进最多石子的玩家获胜。

56. 跟随向导

类型：灵巧度游戏

占据时间：15 分钟

适合年龄：6 岁起

参加人数：3 人或更多

噪声指数：4/10

　　玩家们排成一条"毛毛虫"。带队人是唯一睁开眼睛的人，其他人互相扶着腰部并闭上眼睛。带队人随意走动，他可绕着树打转、跨过花圃等，并准确指引队友，在遇到障碍物的时候提醒他们。有时候，带队人还可以说出不知所云的话语，而其他人必须跟着重复，不能分心，比方说"小心，不要踩到骆驼的脚"。

57. 我身边的一切

类型：观察游戏

占据时间：15 分钟

适合年龄：6 岁起

参加人数：3、4 或 5 人

噪声指数：6/10

　　大家坐在地上并花 2 分钟观察身边的一切。一人自愿开始游戏，挑选一件众人可见的东西，比如一棵树，并宣布说："一棵树。"身边的第二个玩家添上和这件东西有关的一个细节："一棵树，树干细细的。"第三个玩家则说："一棵树，树干细细的而且叶子黄黄的。"说错或迟疑太久的玩家被淘汰。

58. 勇士的奇遇

类型：灵敏度游戏

单局时长：5分钟

占据时间：15分钟

适合年龄：6岁起

参加人数：2人

噪声指数：5/10

我们像在电影里那样来玩击剑如何？进攻、防御、躲闪……每个人拿一个空的矿泉水瓶，一只手背在身后，另一只拿空水瓶的手手臂伸直，瓶子和手臂要在一条直线上。如果碰到对方身体，则赢1分，注意脸部和腿部禁止触碰，最先赢得10分的玩家赢得该局比赛。

59. 天空、陆地、海洋

类型：速度游戏

单局时长：10分钟

占据时间：10分钟

适合年龄：6岁起

参加人数：3人或更多

噪声指数：4/10

大家拿一个球并围成一个圈。第一个玩家将球抛给另一个人，并说出"天空、陆地、海洋"三个词语中的一个。接球的人必须立即说出生活在这个词语环境的一种动物，比如在天空中的鸽子，在海洋中的小丑鱼，陆地上的羊等等。弄错的玩家接受一项惩罚，比如模仿公鸡并以最快的速度跑上30秒。

60. 颜色追逐赛

类型：速度游戏

单局时长：1 分钟

占据时间：10 分钟

适合年龄：6 岁起

参加人数：2 人或更多

噪声指数：4/10

游戏主持人大声说出一种颜色和一个身体部位，比方说蓝色、左大腿。追逐赛可以开始了！玩家必须立刻用指定的身体部位碰触带有指定颜色的物品。最慢的玩家随后担任游戏主持人。

61. 找寻三叶草

类型：观察游戏

占据时间：15 分钟

适合年龄：5 岁起

参加人数：1 人或更多

噪声指数：0/10

找寻场所就在那儿：大家在国道边上发现的一片宽阔的草地。要给寻宝人制造一点气氛，告诉他们只有万分之一的三叶草拥有 4 片叶子，第 4 片叶子可能是由于雨水充沛而长出来的。如果你们找不到的话，教孩子们自制一株 4 片叶子的三叶草吧！

62. 天灵灵，地灵灵①

类型：猜谜游戏

占据时间：5 分钟

适合年龄：5 岁起

参加人数：3 人或更多

噪声指数：1/10

一个玩家捡十来颗尺寸不一的小石子。他将数颗石子藏在合起来的双手里，摇晃石子并说出以下这句神奇咒语："天灵灵，地灵灵，我的手里有多少石子？"每人轮流猜测玩家手里藏的石子数目。猜对数目的人获胜。

---

① 原文是"greli-grelot"，是一种儿童口语化的咒语，此处按中文习惯译成"天灵灵，地灵灵"。

63. 闻闻这朵花儿!

类型：猜谜游戏

占据时间：20 分钟

适合年龄：9 岁起

参加人数：2 人或更多

噪声指数：2/10

首先，大家坐下来并闭上眼睛。游戏主持人说："闻闻这朵花儿，是什么花？"事实上并没有花，全靠想象！玩家们必须回答这个问题，但有个条件：就是要找到不含汉字"花"的花名。一旦所有玩家都找到不含汉字"花"的花名，比如月季、郁金香等，或其中一个玩家找不到相应花名，游戏结束。

第三章

在火车上

▼▼▼▼▼▼▼

"坐火车旅行也许并非你想象的那样！我们认为孩子会在火车重复不停的节奏下得到安抚，更容易入睡；我们想车上的空间足以令他们放松。然而，事实通常相反。在旅行的兴奋情绪推动下，我们的火车旅行经常不轻松：孩子们饥肠辘辘，而火车餐厅没有开放；车上太热或太冷；孩子们抱怨、尖叫、哭泣，而有的旅客觉得烦闷，态度并不是很友好。"

法妮

（41岁，9岁夏洛特和6岁诺亚的妈妈）

需要了解：

火车是一种以从容不迫出名的交通方式，对父母，尤其是带着一两个孩子独自旅行的父母来说，还是比较轻松的。坐火车的旅途通常没有开车旅行那么长，对孩子来说，更容易放松休息；火车没有汽车内部那么拥挤，可以随意走动。不过，注意不要过于打扰其他旅客的安宁。

最好总是选择连座的"专区"，并注意在两个孩子间穿插一个大人：避免出现争吵，如果旁人不太体谅的话，情况也许会变得很糟。你们甚至可以事先决定谁来照顾哪一个孩子，策略很重要！

优先选择"合适的时段"，即接近午睡或吃饭的时刻：这本身就是安顿孩子的好办法。带上一个小枕头和一件毛绒玩偶来让孩子更舒适些，这样更好。

尽可能让您的孩子和邻座的乘客认识一下：如果他们对您的孩子的名字和性格等有所了解的话，即使途中有点吵闹，他们也许能体谅一些。

您可在背包里塞进几件"小惊喜"：您刚买的超级英雄书刊、一件意想不到的小玩具……孩子们对这些第一次见到的玩意儿会更为专注；您可以在出发前草草写下几张悄悄话字条，例如："你好，小宝贝！妈妈爱你。"如果孩子还不识字，也可以画一些图画。

为避免在火车餐车排队买饭，最好错峰前往或提前手机下单，可以稍微早于用餐时间。也可以准备一顿野餐，配上纸制桌布、塑料餐具、薯片、水煮蛋、西红柿、水果泥……应有尽有！这比简单的三明治有趣多了！

试着安排一下旅途：穿插游戏、休息时间、去餐厅散步、吃饭时间、午睡、用平板电脑看电影。为了不影响他人，可准备好儿童耳机哦。

开始行动

64. 正确的数目

类型：猜谜游戏

单局时长：10 分钟

占据时间：30 分钟

适合年龄：7 岁起

参加人数：3 人或更多

噪声指数：4/10

让一个玩家想一个位于 1-100 的数字，注意不能告诉别人，即使被挠痒痒也不能说！其他玩家通过轮流提问，试图猜出这个数字，但绝对不能打断别人的话。"这个数字里含 0 吗？""这个数字大于 20 吗？""这个数字在 20 至 30 之间吗？"……问题没有限制，但选定了数字的玩家只能回答"是"或"不是"，来帮助猜谜的人。最先找到这个秘密数字的玩家接着再选一个数字。

65. 词语发明比赛

类型：想象游戏

单局时长：20 分钟

占据时间：１小时

适合年龄：８岁起

参加人数：２人或更多

噪声指数：4/10

发明一个词语并给出它的定义，仿佛大家翻开了一本有点古怪的词典。在这样的词典中，词语以各种方式打乱重组来逗人发笑。"可乐鲸"[①]一词变成了一类怕水但特别喜欢在可口可乐里游泳的抹香鲸。大家组织一场词语比赛，想象力最丰富的玩家赢得令人羡慕的"趣味词语之王"的称号。

———————

① 由"可口可乐"和"抹香鲸"组成。

66. 超级英雄

类型：想象游戏

单局时长：15 分钟

占据时间：30 分钟

适合年龄：6 岁起

参加人数：2 人或更多

噪声指数：4/10

假设我们都是超级英雄如何？每个孩子都要想出一个超级英雄的称号。超级英雄的服装如何？超级英雄有什么超能力？火车上的其他超级英雄是谁？现在，大家一起创作一个讲述乘坐这艘飞船……呃，这列火车的所有超级英雄的故事吧！

67. 小雨滴赛跑

类型：速度游戏

单局时长：3 分钟

占据时间：20 分钟

适合年龄：5 岁起

参加人数：2 人

噪声指数：3/10

外面在下雨，火车玻璃窗上遍布雨滴。每人挑选一颗处于窗户上端的雨滴，必须要有足够的灵感。准备，比赛开始了！大家观察雨滴慢慢地淌下，然后被火车的车速和风速推动，最先到达窗户底部的雨滴获胜。得胜的小玩家可自制一本如假包换的《比赛记录》，记下所有雨滴赛跑的结果，标上比赛日期和地点哦。

68. 禁止说"是"和"不是"

类型：反应力游戏

单局时长：3分钟

占据时间：45分钟

适合年龄：7岁起

参加人数：2人或更多

噪声指数：4/10

在3分钟内回答一系列问题，如果孩子较小，也可以限时1分钟，并完全禁止回答"是"或"不是"。可以回答"确实如此""绝对的""完全如此"……不过，禁止多次重复同一个表达，不然那就太容易了！游戏开始之前，您可以问孩子们是否想玩禁止说"是"和"不是"的游戏，差不多可以肯定的是，他们会回答"是"。您就告诉他们已经输掉了这个游戏！

69. 百分百真相游戏

类型：问答游戏

占据时间：30 分钟

适合年龄：8 岁起

参加人数：2 人或更多

噪声指数：3/10

每个玩家提出一个"神秘问题"，其他人必须回答。爸爸妈妈参加的话，会更有趣。注意！问题必须是友好的、毫无侵扰性质的。游戏目的是了解彼此，和别人交流、传达信息、分享爱好，比如可以提问："你最喜欢什么动物？你觉得世界上最美的地方是哪里？你最大的优点是什么？"……

70. 我的小猫咪

类型：猜谜游戏

单局时长：20 分钟

占据时间：45 分钟

适合年龄：6 岁起

参加人数：2 人或 3 人

噪声指数：4/10

首先，您说："我的小猫咪艾米不喜欢汉字'菜'。"孩子们就会问："那它喜欢什么呀？"您说："鸡肉、汉堡和鱼肉……就是不喜欢带汉字'菜'的词语。"其他玩家必须轮流找出不带汉字'菜'的食物，不能继续找出来的玩家被淘汰。

71. 我的发明

类型：想象游戏

占据时间：45 分钟

适合年龄：5 岁起

参加人数：1 人或更多

噪声指数：2/10

游戏目的是随意选择火车上的一件物品，如一瓶水、一块蛋糕、一支圆珠笔等，鼓励玩家想象出这件物品另一种完全不同的用途。玩家可以对您提出类似"这是什么？"的问题，您可以给出创造性答案，比如"水瓶的瓶盖是跳蚤和虱子的游泳池"，"拴狗的皮带是猛犸象牙疼时的牙线"。引导玩家天马行空地想象，并描绘出一个新颖的故事。想象力比赛开始啦！这一游戏可以持续旅行全程。

72.Fizz Buzz 游戏

类型：数字游戏

单局时长：20 分钟

占据时间：1 小时

适合年龄：10 岁起

参加人数：1 人或更多

噪声指数：4/10

这是一个以数字为基础，但很容易就让人抓狂的游戏！第一个玩家开始数数，在数字"3"的倍数之前补充说"Fizz"，如"Fizz 6""Fizz 9"，在数字"5"的倍数之前补充说"Buzz"，如"Buzz 10""Buzz 15"。如果某个数字同时是 3 和 5 的倍数，就得在数字前面加上"Fizz Buzz"，如"Fizz Buzz 15"。赢家是能丝毫不差将数字数到最大的人。

73. 压住韵脚

类型：文字游戏

单局时长：25 分钟

占据时间：1 小时

适合年龄：7 岁起

参加人数：1 人或更多

噪声指数：5/10

每个玩家轮流提出一个韵脚（即韵母，比如 o、i、ou 等）。最先开始的玩家必须当场编一个好玩的故事，并且主要使用这个韵脚，例如"大脚骑士，号称迪迪，从地窖上到楼梯，寻找他的未婚妻……①"。故事越长，指定韵脚用的地方越多，自然得分越多。您也可以试一试，您会发现这并非那么简单！

---

① 此处每个分句最后一个字的韵脚相同，都是 i。

74. 好玩的缩略语

类型：文字游戏

单局时长：20 分钟

占据时间：50 分钟

适合年龄：11 岁起

参加人数：2 人或更多

噪声指数：4/10

您是否了解各种缩略语？ATM^①、USA^②、VIP^③……一个玩家随意列举 3 个字母的缩略语，比如 KFC，其他玩家必须答出相应的完整名称。累积未能找到 3 个缩略语含义的玩家被淘汰。

---

① ATM 是 Automated Teller Machine 的缩写，意思是自动取款机。
② USA 是 The United States of America 的缩写，指美国。
③ VIP 是 Very important person 的缩写，意思是重要人物、贵宾等。

75. 寻找共同点

类型：观察游戏

单局时长：15 分钟

占据时间：30 分钟

适合年龄：7 岁起

参加人数：2 人

噪声指数：3/10

嘘！玩家悄悄地找出具有至少 2 个共同点的两个人，比方说：戴红领带和眼镜；有一只狗和穿着厚厚的羽绒服；牵着一个小孩和戴一顶帽子……一个玩家开始描述相同点，另一个寻找并猜测描述的是哪两位乘客。下一局游戏的时候，两人交换角色。如果游戏太容易，可以寻找有 3 处共同点的两个人。

76. 没完没了的句子

类型：文字游戏

单局时长：15分钟

占据时间：45分钟

适合年龄：6岁起

参加人数：3人或更多

噪声指数：3/10

大家共同编出世界上最长的句子吧！一个玩家开始造句，其他玩家轮流在句末以首尾接龙的方式加上一个词语。每一次接龙的玩家必须重复整个句子，然后加上自己的词语，当然这会变得越来越困难。句子的意思不太重要，重要的是它的不知所云也许会引起众人捧腹大笑。

77. 地理大发现

类型：发现游戏

单局时长：25 分钟

占据时间：1 小时

适合年龄：10 岁起

参加人数：3 人或更多

噪声指数：3/10

游戏之初，一个玩家随意举出一个城市名字——可以从火车穿越的城市名中得到启发。下一个玩家必须举出名字中与第一个城市有同一个汉字的另一个城市。比方说，第一个玩家说出"洛阳"，第二个玩家可以说"岳阳"，第三个玩家可以说"沈阳"，直至其中一个玩家绞尽脑汁，再也说不出城市名字为止。

78. 骨头碰触游戏

类型：身体游戏

单局时长：15 分钟

占据时间：45 分钟

适合年龄：10 岁起

参加人数：2 人

噪声指数：2/10

一个玩家编一个充满想象的小故事，并在其中插入人体骨骼的名称：骶骨、尺骨、胸骨、胫骨、股骨、锁骨等。比方说："这是名叫'骨头袋子'的小骨架的故事，他想去参加朋友的生日会……"每次提到一处骨头，另一个玩家必须触摸自己身上的相应部位。这可以让大家边玩边复习解剖学！

79. 篮球飞起

类型：文字游戏

单局时长：15 分钟

占据时间：45 分钟

适合年龄：5 岁起

参加人数：3 或 4 人

噪声指数：3/10

抽签决定游戏主持人。主持人说出一种动物名、一个人名或一件东西的名称，比如飞机、胶水、袋子……并在后面说"飞行"。如果该样东西或人的确会飞的话，其他玩家必须举起手。一旦弄错，即被淘汰。决赛的话，可用"游泳"代替"飞行"，这样难度更大也更有趣！

80. 侦探游戏

类型：猜谜游戏

单局时长：10 分钟

占据时间：30 分钟

适合年龄：7 岁起

参加人数：3 人或更多

噪声指数：3/10

指定一个玩家为侦探，他可以随便想一样东西。其他玩家开始提问，这能限制搜索范围。他们可以提出 15 个问题，多一个都不行。如："是一种生物还是一件物品？""比光盘大吗？""可以食用吗？""会发出声音吗？"……回答只能是"是"或"不是"。如果某个玩家找到了答案，或者 15 个问题结束，谁也没找到答案的话，大家交换游戏角色，再指定一名"新侦探"。

81. 出人意料的画作

类型：绘画游戏

单局时长：10 分钟

占据时间：30 分钟

适合年龄：7 岁起

参加人数：3 人或更多

噪声指数：2/10

第一个玩家先在纸上画一幅画，并将纸横向对折，只露出一处细节，将纸交给下一个玩家。第二个玩家接着画，但他看不见上一个玩家画了什么图案，画完后将纸又对折，仅露出一处细节。如此反复。最后，当所有人画完后，将画纸展开。玩家们会收获一张意想不到的画作，也许会让大家哈哈大笑！

82. 我记得……

类型：想象游戏

单局时长：15 分钟

占据时间：40 分钟

适合年龄：7 岁起

参加人数：3 人

噪声指数：4/10

指定所有玩家都熟知的一个人、一件物品或一个地方，每一个玩家就这个人、这件物品或这个地方给出自己记忆之中的各种细节。如果是一个人的话，可以是他的眼睛的颜色、他最喜欢的颜色、他爱看的书……每个玩家轮流补充一个细节，直到全都说完为止。然后，大家再找出另一个人、另一件物品或另一个地方。

83. 记忆力大比拼

类型：记忆游戏

单局时长：15 分钟

占据时间：30 分钟

适合年龄：6 岁起

参加人数：2 人

噪声指数：2/10

发挥一点想象力，26 号车厢就轻松变成了东方快车①鼎盛时期的豪华餐厅。一个玩家扮演顾客，一个玩家扮演侍者。顾客向侍者点菜，后者必须全都默记下来："我要一个火腿三明治、一杯橙汁、一个开心果冰淇淋，一杯不加糖的咖啡……""呃……一个火腿三明治、一杯橙汁、一个开心果冰淇淋……"然后，大家交换角色来看谁的记忆力更好。

---

① 横贯欧洲大陆的长途列车，通常从巴黎出发，穿越中南欧地区，终点是伊斯坦布尔。

84. 让我告诉你

类型：想象游戏

占据时间：50分钟

适合年龄：7岁起

参加人数：2人或更多

噪声指数：4/10

在抽签决定之后，玩家中的一人开始讲述一个自己编的故事，年纪小的玩家可用现成的故事为基础，比方说换一下人物名字。第一个玩家随时可以停下来，将发言权交给他选择的另一个玩家，后者继续讲故事。如此进行，直至最后一个玩家。大家可以玩上两轮或三轮，直到某个玩家决定结束这个故事为止。

85. 在"无一无欧"的国度

类型：文字游戏

单局时长：15 分钟

占据时间：45 分钟

适合年龄：6 岁起

参加人数：3 人或更多

噪声指数：4/10

假设您刚从"无一无欧"国旅行了几日回来。让孩子问您从那儿带了什么回来，并轮流提出各种物品。您简单地回答他们"正确"或"不正确"。事实上，孩子到后来应该明白，游戏的真正目的是列举出拼音中不包含韵母 i 或 ou 的物品，即"无一无欧"。

86. 动物园集合

类型：文字游戏

单局时长：15 分钟

占据时间：45 分钟

适合年龄：6 岁起

参加人数：3 人或更多

噪声指数：3/10

编一个以动物为主角的故事，如农场里的动物、家居动物，或干脆是热带草原的猛兽……注意的是，动物名字要使用英语单词。并且每个新提出的动物名字的英语单词必须以上个动物名的最后一个字母开始。例如，某个玩家说了"bear"（熊），下一个玩家得找到一个动物的英语单词，以字母"r"开始。快来挑战吧！

87. 安静奥运会

类型：语言游戏

单局时长：15 分钟

占据时间：45 分钟

适合年龄：6 岁起

参加人数：3 人或更多

噪声指数：1/10

想象这是一个游戏现场，需要大家旅途全程保持安静，遵守规则的玩家可以得分。规则如下：小声说话的玩家得 10 分，把玩具借给同伴的玩家得 8 分，从来不问"咱们什么时候到啊？"的玩家得 5 分……目的地到达后，大家计算总分并准备几样小奖品，或者像真正的奥运会那样，颁发一枚奖牌！

88. 完美的平衡

类型：平衡游戏

单局时长：3 分钟

占据时间：30 分钟

适合年龄：6 岁起

参加人数：2 人或更多

噪声指数：2/10

火车总会时不时有些摇晃，特别在转弯的时候。大家可以玩不扶任何东西并保持站立姿势 1 分钟的游戏，可在父母用手臂拉成的圈子里玩，这样不会摔倒受伤。大家轮流来试，碰到父母胳膊的人出局。每次游戏时间不宜太长，以免影响其他人。

89. 我是谁?

类型：模仿游戏

单局时长：5 分钟

占据时间：1 小时

适合年龄：7 岁起

参加人数：2 人或更多

噪声指数：5/10

模仿一个人有好几种方式：模仿他的音色——低沉或尖锐、模仿他的语速——缓慢还是飞快地说话、模仿他的讲话习惯——比如在每句话后面加个"嗯"……经过抽签决定的模仿者得模仿一位电影或动画中的人物，其他玩家在 1 分钟内找到被模仿的原型。如果某位玩家找到了被模仿的原型，他便来担任接下来的模仿者。否则，原模仿者重新开始模仿。

90. 给我画张画吧!

类型：绘画游戏

单局时长：15 分钟

占据时间：40 分钟

适合年龄：8 岁起

参加人数：3 人或更多

噪声指数：2/10

我们只需一张纸和一支铅笔来玩这个游戏！爸爸或妈妈在一个孩子耳边小声说一个词语，孩子将它画下来，并要他的搭档在 2 分钟内猜出来。一共要猜 5 个词语，然后交换角色来玩。重要说明：不能发出一点儿声音，也不能使用动作或表情来模仿！

91. 这就是说，呃……

类型：策略游戏

单局时长：10 分钟

占据时间：20 分钟

适合年龄：10 岁起

参加人数：2 人

噪声指数：4/10

两个玩家面对面，采取儿歌所说的"我捏着你，你捏着我，大家的小胡子……"①的方式。第一个玩家得说上 30 秒钟，并完全不能使用"呃"和"嗯"等语气词，第二个玩家则决定第一个玩家说的主题：假期、丛林动物、学校、运动……

---

① 此处为原文直译，指法国儿童常玩的一种游戏，双方互相捏住对方的下巴并直视对方眼睛，最先忍不住笑起来的人告输。

92. 紧闭嘴巴

类型：策略游戏

单局时长：2 分钟

占据时间：15 分钟

适合年龄：6 岁起

参加人数：2 人

噪声指数：1/10

在两分钟内，一个玩家提出各式各样的问题，而另一个玩家紧闭双唇，只能通过点头或手势来回答。如果保持沉默的玩家最终开口说话了，则判定为输，大家交换游戏角色重新开始。

93."词典"游戏

类型：文字游戏

单局时长：15 分钟

占据时间：50 分钟

适合年龄：9 岁起

参加人数：2 或 3 人

噪声指数：3/10

每个玩家都有一张纸和一支铅笔。游戏主持人选择一个词语，尽量选其他玩家不认识的词语。每个玩家必须写下该词可能有的最可靠的定义，并不让其他玩家看见。游戏主持人自己也简单写下该词真正的定义，然后汇集所有纸张并高声念出所有的定义。玩家轮流投票，目的是辨识出被选词语真正的含义。如果一个玩家找到了正确的定义，或其他玩家投票赞成这个玩家的说法，则赢得 1 分。

94. 童年小秘密

类型：故事讲述游戏

占据时间：45分钟

适合年龄：7岁起

参加人数：2人或更多

噪声指数：3/10

孩子们格外喜欢听父母的童年故事，特别是父母在他们的年龄段所做的趣事！爸爸或妈妈轮流来讲述一桩五年前、十年前，甚至更久远的时间，在家里、学校里或旅途中做的趣事。最后，大家集体投票，选出哪桩趣事是最好玩的。

95. 摄像棚内的演员

类型：身体模仿游戏

单局时长：5 分钟

占据时间：30 分钟

适合年龄：7 岁起

参加人数：2 人

噪声指数：3/10

一个玩家扮演电影导演，另一个扮演来试镜的男演员或女演员。导演宣布要演绎的情绪：恐惧、愤怒、悲哀、欢喜、大喜……演员则需要并只能通过面部表情来表达这种情绪。您可以用智能手机将这段试镜过程录下来，等大家一起看的时候，相信会觉得很有趣。

第四章

在飞机上

▼▼▼▼▼▼

　　"对孩子来说，坐飞机是件美妙的事情，但对父母来说这可不是十分轻松的事！我发现问题极少出在孩子本身，而是那些受不了孩子的人，或仅仅来自那些担心旅途不顺的紧张父母。为避免一切'危机状况'，并在海拔10000米的高空保持从容不迫，必须始终准备就绪，随时待命。建议让孩子做些消遣活动，安排好他们的时间，让孩子像参加一场大型游戏似的，度过这段旅途。"

吕克

（40岁，7岁玛蒂尔德的爸爸）

需要了解：

在飞机上，孩子很缺乏空间。飞机上有点吵，可能还会冷，而且其他乘客都在附近，挨着你们，因此，噪声方面的忍受度几乎为零。不过，对孩子来说，坐飞机本身就是一项了不起的冒险，应让他去赞叹、去发现——在这种情况下，时间就会过得更快一些！

在合适的时间点出发：您可能会更喜欢早晨的航班，因为这样的话，您会有顿早餐——这是一段真正的间歇。并且，还有一顿午餐——第二段间歇。这样，旅途中就有事儿做了！

将航程分隔成20分钟一段：变换娱乐项目，令孩子不觉得厌倦，也看不见时间流逝！一段历时5小时的航程大约需要15个游戏，要知道起飞过程和降落过程已算是孩子们特别喜欢的两个时刻。

留给孩子靠窗的座位：观赏云朵、飞机机翼、机外的景色，这些都会使孩子忙上一段时间。趁此机会，向他们解释飞机如何能在空中飞行、发动机的作用、机翼、气压等，请在此之前重温一下相关知识！也别忘了在孩子臀部下垫个坐垫，孩子会看得更清楚！

在航程中时刻留意孩子：父母要避免在一本书或一部电影中沉迷过久，因为如果孩子觉得被丢在一边，可能会开始烦躁。他们在空中比在陆地上需要更多的关注！

带些小食品来作为零食：比如开胃糕点、糖果、袋装水果泥、棒棒糖等。吃东西的时候时间过得更快，在我们试过所有其他办法之后，这能让小乘客们有点事儿做。

创建一片舒适区域、让人安心的私密环境：毛衣卷折并搁在孩子头下是很不错的做法，或者使用航空公司提供的小枕头。

为使时间显得不那么漫长，定期告诉孩子飞行的实时状况：在一张地图上指出飞机所处的位置。有些航空公司会提供小型动画演示，表明飞机正在飞越哪个国家、哪片海洋或哪条山脉。了解航程已经过半，有助孩子耐心等待。

开始行动

96.雅克说要安静

类型：身体模仿游戏

单局时长：10分钟

占据时间：30分钟

适合年龄：7岁起

参加人数：2人

噪声指数：0/10

　　游戏发起人摆出怪诞的姿势或扮个鬼脸，另一个玩家模仿游戏发起人并保持不变，直至发起人决定换个姿势。一旦玩家做错了或无法保持下去，游戏发起人就可以向他示意停止——当然是无声的！于是大家交换角色。

97. 拇指大战

类型：力量游戏

单局时长：1分钟

占据时间：45分钟

适合年龄：6岁起

参加人数：1人或更多

噪声指数：2/10

用自己的拇指卡住对方的拇指5秒钟！大家先双手相贴，拇指除外的四指交叉，开始挑战说："1、2、3！"对抗可以开始了。一次胜利得1分，最先获得5分者获胜。

98. 你的眼睛好美！

类型：专注力游戏

占据时间：15分钟

适合年龄：5岁起

参加人数：2人

噪声指数：2/10

两个玩家面对面，彼此相隔不太远，凝视对方的眼睛，最先眨眼的告输！惩罚是什么？输家在5分钟内不得开口说话——这可太难了！趁此机会，您可以告诉孩子：这个1/4秒的眨眼动作的目的在于滋润眼睛！

99. 在我的篮子里

类型：记忆力游戏

单局时长：15 分钟

占据时间：45 分钟

适合年龄：6 岁起

参加人数：2 或 3 人

噪声指数：3/10

一个玩家开始说："星期天，我去市场并在我的柳条篮里放上……"第二个玩家重复整句话并加上自己选择的食物；第三个玩家重复所有内容并轮到他在篮子里"加上"新食物——篮子开始变重咯。玩家一旦弄错，即遭到淘汰。其他玩家重新开始游戏。

100. 谁是不速之客？

类型：专注力游戏

单局时长：5分钟

占据时间：50分钟

适合年龄：6岁起

参加人数：2人

噪声指数：3/10

玩家之一说出4个词语，另一个玩家必须猜出哪个是不相干的词语并加以解释和证明。比方说，3件红色和1件黄色的物品名单，黄色物品当然是"不速之客"。可以通过将单子上的词语增至5个或10个，来添加一点游戏难度，玩家可以在纸上写下名单来帮助记忆。

101. 汉字游戏

类型：文字游戏

单局时长：20分钟

占据时间：1小时

适合年龄：5岁起

参加人数：2人

噪声指数：2/10

只需给玩家人手一本同样的杂志。您选一个汉字，比如汉字"是"。两个玩家要在20分钟内发现所有出现汉字"是"的地方并圈起来。时间到了之后，大家计算该汉字被圈上的次数，发现该汉字出现次数最多的玩家获胜。

102. 爱我的间谍

类型：观察游戏

单局时长：15 分钟

占据时间：40 分钟

适合年龄：8 岁起

参加人数：2 人

噪声指数：1/10

孩子们都很喜欢有秘密任务在身。第一个玩家当间谍，并受上司——第二个玩家派遣，观察一位乘客 10 分钟，在一个小笔记本上记下其外表细节、他的态度、读物、行为等。在另一页纸上，"间谍"得描述这个人的生活，当然是把这个人想象成一位敌方间谍：他在这架飞机上干什么？他有何任务？是不是一位替"扎图克斯坦"①政府效力的危险人物？由父母裁定最为离奇的故事获胜。

---

① 假想国家名。

103. 秒针游戏

类型：专注力游戏

单局时长：5 分钟

占据时间：20 分钟

适合年龄：6 岁起

参加人数：2 人

噪声指数：2/10

您得有块带秒针的手表，并在秒针开始新的一圈之时，下令开始。玩家闭上眼睛，在头脑中默数流淌的时间，并在他认为秒针走完一圈的时候叫"停"。大家交换角色，最接近实际 1 分钟者获胜。

104. 神奇的画

类型：记忆力游戏

单局时长：10 分钟

占据时间：30 分钟

适合年龄：6 岁起

参加人数：2 人或更多

噪声指数：2/10

一个玩家在白纸上画一幅画并藏起来。其他玩家轮流提问，来猜测纸上的内容：是动物还是植物？它个头大吗？能不能食用？是黄色的？蓝色的？……猜出纸上内容的玩家赢得这幅画，累计获得最多图画的人获胜。

105. 重要的字母

类型：文字游戏

单局时长：10 分钟

占据时间：1 小时

适合年龄：9 岁起

参加人数：2 或 3 人

噪声指数：2/10

爸妈或孩子之一作为游戏主持人说出字母表上任何一个字母，如"T"。每个玩家试图想出一句尽可能多的包括以该字母起首的单词的话。注意：允许想象力驰骋，如："The tiger is drinking tea on the table."（那只老虎正在桌子上喝茶。）句子必须符合语法规则。句中每个以规定字母起首的单词可让玩家赢得 1 分。大家开动大脑吧！

106. 假如我是……

类型：想象游戏

单局时长：10分钟

占据时间：1小时

适合年龄：8岁起

参加人数：2人

噪声指数：2/10

　　每个玩家描绘主持人假定的主角的特征，方式是回答游戏主持人总是采用"假如你是某某某，你会是什么？"形式提出的一系列问题，刚开始可提5个问题。比如，"假如我是一只动物，我会是……""假如我是一件物品，我会是……""假如我是一部电视连续剧，我会是……""假如我是一种颜色，我会是……""假如我是一位英雄，我会是……"

107. 谜语闯关

类型：文字游戏

单局时长：15 分钟

占据时间：45 分钟

适合年龄：9 岁起

参加人数：3 人

噪声指数：3/10

　　谜语出题人发明一个有趣的谜语："我的第一部分是……"其他玩家可以共同提出一条额外要求，比方说，建议谜底必须是动物名，或其中一条线索必须是一种颜色等。有丰富的想象力才能成功闯关！

108. 遭禁用的词语

类型：文字游戏

单局时长：旅途所用时间

占据时间：旅途全程

适合年龄：6 岁起

参加人数：不限

噪声指数：0/10

在飞机上安顿下来后，全家决定旅途全程禁止说的 3 个词语——当然应该选择 3 个常用词，比如："爸爸""妈妈""喝""吃"……在飞机降落停机坪之前，说出这些词语中任何一个的玩家将受到"惩罚"！好玩的是，飞行的第一个小时，每个人都很注意自己的用词。不过很快地，大家就会放松警惕，忘记禁用词了。说出禁用词的人被罚 10 分钟……不能开口说话！

109. 在音之屋内

类型：文字游戏

单局时长：20 分钟

占据时间：1 小时

适合年龄：7 岁起

参加人数：2 人

噪声指数：3/10

通过在"音之屋"里寻找来进行韵母游戏，找到的物品必须带有韵母 i。请注意，韵母 i 可以作为单韵母出现，也可出现在复韵母和鼻韵母中！每个玩家在开始玩的时候说道："在音之屋里，有……"音符、笔套、钢琴、魔鬼、怪物……都可以。

110. 即兴创作联赛

类型：想象力游戏

单局时长：15 分钟

占据时间：50 分钟

适合年龄：9 岁起

参加人数：2 人或更多

噪声指数：5/10

玩家必须以其他乘客给出的 10 个词语为基础，创作一个故事，可能的话，要有趣和新颖。每个故事只能拒绝使用其中一个词语！显而易见，提议诸如"吹风机""豆子焖肉砂锅""厕所"等词语，要比"汽车""学校""围巾"等词语更逗乐。

111. 神秘乘客

类型：绘画游戏

单局时长：15 分钟

占据时间：1 小时

适合年龄：7 岁起

参加人数：2 人或更多

噪声指数：0/10

　　玩家之一拿起一支铅笔和一张白纸，画出飞机上的一位乘客。所有细节都很重要：头发颜色、眼镜、衣服……其他玩家猜出画的是谁。最先将图画和某位乘客对上号的玩家获胜，下一局轮到他拿笔来画另一位神秘乘客。

112. 奇怪健身操

类型：模仿游戏

占据时间：20分钟

适合年龄：6岁起

参加人数：2人或更多

噪声指数：0/10

耳朵疼会让整个旅途变得扫兴！为何不在飞机爬升和降落的时候，想出一节脸部体操？大家假装表情惊讶，嘟唇做出字母"O"……随后是字母"X"。然后，大家带着大大的微笑说"A"……在每个动作之间，大家练习吞咽动作，咽下唾沫，一次、两次、三次……玩这个游戏可以消磨时间，还能避免耳朵疼——因此也能避免出现烦躁！

113. 猜拳游戏

类型：手势游戏

单局时长：5 分钟

占据时间：45 分钟

适合年龄：5 岁起

参加人数：2 人

噪声指数：2/10

谁想来场激烈的猜拳游戏？玩法如下：大家一只手背在身后，数到"3"亮出模仿布、石头或剪刀的手势。石头克剪刀，剪刀克布，布克石头。赢者得 1 分，先赢得 10 分的玩家获胜。

114. 哈欠哈欠

类型：战略游戏

单局时长：3 分钟

占据时间：15 分钟

适合年龄：5 岁起

参加人数：2 人

噪声指数：0/10

想办法逗别人打哈欠——避免高空耳朵不适的绝妙法子！大家知道哈欠具有传染性，这是一种反射性行为。因此，张大嘴巴，伸个懒腰——各种花招都允许——试图让别人打哈欠。可以计时来看谁能在最短时间内令对方打哈欠。

115. 蓝精灵

类型：思考游戏

单局时长：15 分钟

占据时间：15 分钟

适合年龄：10 岁起

参加人数：2 人

噪声指数：3/10

一个玩家随意选择一个动词，另一个玩家通过使用精灵语①来猜它。每个问题中的指定动词都被"精灵"一词代替，对方只能回答"是"或"不是"。比如，"大家在洗澡的时候精灵吗？""动物精灵吗？"只能提 10 个问题来"精灵"（找出）那个被选的动词，多一个也不行！

---

① 蓝精灵漫画里，蓝精灵之间的对话中经常用"精灵"一词来替代动词或其他词语。

116. 大家知道这首歌

类型：音乐游戏

占据时间：15分钟

适合年龄：8岁起

参加人数：2人或更多

噪声指数：4/10

首先，一个玩家想到一首著名歌曲，并用"啦啦啦"代替歌词小声哼唱——必须严格依照歌曲旋律。其他玩家必须猜出歌名和歌手，最先猜出的玩家取代哼唱的玩家继续游戏，开始哼唱吧！

117. 一幅画……好了！

类型：创意游戏

占据时间：15 分钟

适合年龄：5 岁起

参加人数：2 或 3 人

噪声指数：2/10

第一个玩家在一张白纸上随意画个图形，比如一个圆圈。第二个玩家修改图画并说"好了！"；第三个玩家添上一个新元素，也说声"好了！"。大家轮流两次，即每个玩家画上两次，最后的画作常常会让人意想不到呢！

118. 相关词

类型：文字游戏

单局时长：15 分钟

占据时间：30 分钟

适合年龄：8 岁起

参加人数：2 人或更多

噪声指数：3/10

找到尽可能多的相关词。某个玩家说一个词语，比如"椅子"。第二个玩家得补充，比如："家具""书桌""椅背""坐"……另一个例子：奶牛——牛奶、农场、公牛、牛皮……找到一个词语，计1分。接下来的玩家要争取玩得更好。

119. 画架飞机吧

类型：记忆游戏

占据时间：30 分钟

适合年龄：6 岁起

参加人数：1 人

噪声指数：0/10

当你们登机的时候，提醒孩子记住飞机的颜色、形状、舷窗等细节。坐上飞机后，给孩子一张白纸，让他画下你们乘坐的飞机。到达后，你们一起将图画和实物进行比较。孩子仔细观察并记下每个细节了吗？回程时可建议孩子玩同一个游戏，并看他是否取得进步。

120. 天啦！一篇报道

类型：摄影游戏

占据时间：至少 1 小时

适合年龄：10 岁起

参加人数：1 人

噪声指数：0/10

您可以交给初出茅庐的小记者一台数码相机和一项任务：用照片来讲述自己的航程。他可以拍摄飞机上安顿的过程、行李搁放、飞机起飞、云海、日出、从天上俯视看到的大海、飞机降落等。在你们到家后可以使用这些照片制做一本小册子，孩子还能在上面自由添上各种感想。